LES

Grands Travaux de Paris

L'EXPOSITION DE 1900

LE MÉTROPOLITAIN — LA DÉMOLITION DES REMPARTS

LA NOUVELLE ENCEINTE — LE TOUT-A-L'ÉGOUT

PAR

N.-N. PETITJEAN

Capitaine du génie retraité, Chevalier de la Légion d'honneur

TROISIÈME ÉDITION

Prix : 1 FRANC

EN VENTE CHEZ TOUS LES LIBRAIRES

PARIS

L. THOUVENIN, LIBRAIRE-ÉDITEUR

13, RUE DE SÈVRES, 13

1895

Hommage de l'auteur
à Monsieur Denys Cochin
député de Paris à Evry-Petit-
Bourg (Seine et Oise)

Le capitne du Génie
Petitjean

1. Rue du Hazard à Versailles

LES

GRANDS TRAVAUX DE PARIS

LES

Grands Travaux de Paris

L'EXPOSITION DE 1900

LE MÉTROPOLITAIN — LA DÉMOLITION DES REMPARTS

LA NOUVELLE ENCEINTE — LE TOUT-A-L'ÉGOUT

PAR

N.-N. PETITJEAN

Capitaine du génie retraité, Chevalier de la Légion d'honneur

---

TROISIÈME ÉDITION

Prix : 1 FRANC

EN VENTE CHEZ TOUS LES LIBRAIRES

PARIS

L. THOUVENIN, LIBRAIRE-ÉDITEUR

13, RUE DE SÈVRES, 13

1895

INTRODUCTION

Bientôt la France va saluer l'aurore du vingtième siècle. Paris déjà s'apprête à lui faire un baptême solennel, où toutes les nations seront conviées. A la veille de cette grande fête, l'Exposition internationale de 1900, il nous a semblé convenable, comme introduction à ce modeste opuscule, de dire un mot d'adieu au siècle qui finit et de tirer l'horoscope du siècle qui commence.

Dans l'histoire des peuples, le dix-neuvième siècle portera le nom de siècle vapeur. En s'évanouissant, il laisse derrière lui un immense sillage de voies ferrées.

C'est au dix-neuvième siècle, en effet, qu'on a vu apparaître, sur tous les continents, le cheval vapeur (la plus noble conquête que l'homme ait jamais faite), et c'est grâce à ce noble animal (75 kilogrammètres) que les distances ont diminué, et que les peuples se sont rapprochés.

C'est de la fréquence des voyages, de la plus

grande facilité des communications, que la paix du monde sortira un jour, scellée de la volonté des peuples. Depuis un demi-siècle, déjà, nous assistons à une révolution sociale, qui s'opère sans bruit, lentement, pacifiquement, et par le seul effet de la vapeur, qui a semé aux quatre coins du monde l'esprit nouveau sorti de la marmite de Papin.

De toutes parts, on sent les vieilles institutions craquer, on voit les barques gouvernementales, où les peuples s'étaient aventurés, couler bas. Certains navires désomparés, aux bords secoués par la houle, n'attendent qu'un signal pour déposer leurs voyageurs sur la terre ferme de la Liberté.

En dépit des théories barbares affirmant la prédominance de la force sur le droit, il faut remarquer que les peuples civilisés vivant dans la paix font passer le Droit avant la Force. De plus, qu'ils sont las de fourbir leurs armes aux cris répétés et menteurs de : Vive la Paix !

Cette paix armée, qui ruine tout le monde, qui énerve les nations, aura une trêve : Ce sera, peut-être bientôt, la guerre européenne, ou peut-être enfin la paix des États-Unis d'Europe.

Au jeune siècle qui va naître, on peut demander : Est-ce la paix, ou la guerre, que tu portes en tes langes? Sa réponse sera brève. Il nous dira : Je me nomme le siècle électricité, et je viens au monde pour continuer l'œuvre de paix et de progrès commencée par la vapeur.

C'est donc en pleine révolution sociale et industrielle que la grande Exposition de 1900 va ouvrir ses portes libérales à toutes les nations. Reconnaissons aussi que les grandes expositions modernes sont issues de la vapeur. De nos jours, la rapidité des voyages, la facilité des transports permettent aux hommes de se donner rendez-vous aux centres populeux, d'y échanger, avec leurs produits, leurs vues politiques, et d'écrire la préface du livre d'or de la révolution sociale.

Encore quelques jours de souffrance et d'agitation, puis les peuples affranchis, par le seul fait de la science, qui a su conquérir la vapeur et utiliser l'électricité, suivront la main dans la main la grande route du progrès et de la Paix.

LES

GRANDS TRAVAUX DE PARIS

CHAPITRE PREMIER

L'Exposition de 1900.

Tout d'abord, remarquons-le, notre grande Exposition va servir de marraine au siècle nouveau, et la France va tenter, par ses conceptions géniales, d'immortaliser cette date de 1900, la tête d'étapes de l'ère pacifique des peuples.

Examinons si le programme de cette fête internationale est en rapport avec la grandeur de la cérémonie, et s'il doit laisser dans l'esprit des nations un souvenir digne de la France, digne de Paris, digne de la science.

Que demande Paris, la grande ville lumière ?

Paris veut aller de l'avant, marcher de conquêtes en conquêtes ; après la pastorisation, la sérothérapie, il réclame la lumière, la traction électrique, la navigation aérienne, etc., etc... Et pour son usage personnel, il demande à se mouvoir plus librement, au moyen d'un Métropolitain ; il veut plus d'espace, respirer plus à l'aise, il demande à renverser ses murailles de Jéricho, ces ineptes fortifications qui l'enserrent, qui l'étouffent, il veut s'agrandir !

Paris veut respirer l'air pur de l'atmosphère, boire l'eau propre de la Seine; le tout-à-l'égout lui répugne et lui cause certaines inquiétudes. Il voit avec crainte les bacilles du choléra, de la fièvre typhoïde tenir leurs assises aux portes de la ville, à la presqu'île de Gennevilliers.

Et que demande la France ? Elle réclame une Exposition grandiose, où elle pourra montrer, avec ses palais, ses chefs-d'œuvre, son amour du travail et de la science, et son vif désir de vivre en paix avec toutes les nations qui voudront marcher avec elle à la conquête des grandes découvertes, et collaborer ainsi à l'amélioration de notre pauvre humanité.

Comment, dans une Exposition universelle, toucher aux grands problèmes sociaux qui intéressent Paris, la France, l'humanité ?

C'est en hâtant, par de grands travaux bien compris, la réalisation des vœux chers à Paris et utiles à la science.

Voyons donc si les 100 millions que l'on se propose de dépenser pour l'Exposition de 1900 seront bien utilisés pour Paris, et pour la science, et si les travaux que l'on projette sont destinés à laisser un bon et durable souvenir de notre grande Kermesse internationale.

On nous offre, pour relier l'Esplanade des Invalides aux Champs-Élysées, de nous construire, pour six millions, un pont monumental, d'une seule arche, avec un tablier de 60 mètres. Examinons si cette construction gigantesque, fantastique, le clou supposé de l'Exposition, a bien sa raison d'être. Les quartiers que l'on veut relier ensemble sont les plus déserts de la Capitale ; le commerce, l'industrie y sont presque étrangers. Dans l'intérêt propre de la grande ville, on ne trouve donc aucune urgence à faire la dépense de cette somme énorme pour un résultat aussi minime.

Si on étudie la question au point de vue de la science, de la hardiesse des constructions : Un pont, d'une seule arche de 100 mètres de portée, en acier moulé, sera-t-il jamais le chef-d'œuvre, le clou, le phénomène devant surprendre l'imagination des visiteurs ?

Le pont de Brocklyn, à New-York, jeté sur la rivière de l'Est, à 80 pieds au-dessus du fleuve, comporte trois arches dont deux de 1,000 pieds et une de 1,600 pieds, avec un tablier de 30 mètres de largeur où passent, depuis de longues années déjà, deux voies ferrées, deux voies pour les voitures, et 55 millions de piétons par an. Et le pont de Forth, en Angleterre, universellement réputé pour la hardiesse de sa construction, n'a-t-il pas, lui aussi, résolu un grand problème industriel et scientifique ! Non, le pont des Invalides, comparé à ces colosses, ne serait plus qu'un joujou à faire sourire nos voisins. Donc, au point de vue de l'art, du clou si l'on préfère, ce pont n'a aucune raison d'être ; et si, après l'Exposition, il n'est ni utile, ni intéressant pour Paris, on peut se demander s'il ne sera pas plutôt une gêne et un obstacle aux grands travaux de la Capitale.

Avant d'octroyer la construction d'un tel monument, il faut se renseigner, le discuter, l'étudier et supposer avec quelque raison qu'au cours du vingtième siècle Paris deviendra Port de Mer.

Alors pour donner libre passage aux grands navires, les ponts de la traversée de Paris seront modifiés ; il faudra relever leurs tabliers, ou y installer des arches tournantes ; or, un pont d'une seule arche, avec tablier métallique de 60 mètres, ne pourra supporter pareille modification, et devra, comme le malheureux Palais de l'Industrie, être proposé prématurément à la pioche des démolisseurs.

Si les éminents organisateurs de l'Exposition de 1889 avaient pu prévoir que la galerie des Machines serait conservée, sur un emplacement où elle masque la vue et donne au gracieux palais de l'École militaire l'aspect d'une vulgaire usine, il est probable que cette superbe galerie aurait été orientée différemment, disposée en bordure, avec son grand axe parallèle à celui du Champ-de-Mars.

Et que pense-t-on de cette tour Eiffel, ce grand jalon (un véritable clou) planté on ne sait pourquoi, ni comment, au beau milieu de notre plus grand terrain de Paris? Il nous semble qu'elle aurait été mieux placée, en guise de paratonnerre, sur une des hauteurs du Trocadéro, et aujourd'hui on ne serait point embarrassé de ce monument bizarre, duquel on ne sait trop que faire.

C'est donc au manque de prévoyance et de goût que nous devons le projet de démolition du Palais de l'Industrie et l'encombrement du Champ-de-Mars. Ces fautes lourdes sont difficiles à réparer ; il y a lieu de les éviter dans l'avenir, de donner une idée de suite plus rationnelle aux travaux des Expositions, et surtout d'examiner avec plus de soin les monuments à conserver.

A notre humble avis, la construction d'un pont aussi monumental que celui proposé à l'Esplanadé, et d'un prix si élevé, n'est nullement nécessaire. Paris n'a pas besoin de ce pont, il ne le demande pas, il ne faut point qu'il se le laisse imposer.

Ce qu'il faut à cet emplacement, c'est simplement un pont provisoire sur pilotis, avec un tablier de 40 mètres de largeur, et qui ne coûterait qu'un demi-million. Nous y avions songé déjà, et c'est à la suite de cette proposition, sans doute, qu'on a imaginé le pont permanent de 60 mètres de largeur, sans se rendre compte de ses inconvénients et de son inutilité après l'Exposition.

Donc, à Paris, point de joyaux ruineux, encombrants et conçus dans le but unique de porter une signature.

CHAPITRE II

Le chemin de fer circulaire de l'Exposition.

Examinons, maintenant, cette voie circulaire, avec traction électrique, que l'on se propose aussi d'installer à grands frais au Champ-de-Mars et à l'Esplanade des Invalides.

Cette proposition nous semble aussi contestable que le pont à large tablier des Invalides. Chacun sait, en effet, que ces deux terrains sont voisins l'un de l'autre, et on ne voit a *priori* aucune nécessité à les englober dans un chemin de fer circulaire. On viendra à l'Exposition uniquement pour se promener, s'arrêter à chaque instant, admirer les curiosités, et non pour faire un voyage en chemin de fer, qui n'aura rien d'intéressant, du reste, puisque cette voie circulaire serait construite en dehors de l'Exposition, en tout cas une voie ferrée rectiligne du Champ-de-Mars aux Invalides paraîtrait suffisante avec traction à vapeur pour assurer la communication entre ces deux parties de l'Exposition. C'est donc une véritable fantaisie sans but et sans raison qu'un chemin de fer circulaire à l'Exposition de 1900.

Il est bien probable aussi que l'idée de ce chemin de fer circulaire a été inspirée par un autre projet se rattachant au Métropolitain de Paris, où son auteur le qualifiait de plaque tournante des chemins de fer français et y faisait aboutir toutes les grandes lignes de notre réseau. Avec le Métropolitain, le chemin de fer circulaire était indispensable ; sans Métropolitain, il devient inutile, c'est un non-sens. Une ligne de tramways quelconque, analogue aux chemins de fer Decauville, de 1889, peut suppléer au chemin de fer circulaire électrique, d'un prix trop considérable, et faire le même office pour le transport des voyageurs du Champ-de-Mars aux Invalides.

CHAPITRE III

Le Métropolitain de Paris.

Nous avons dit, que c'est au moyen de conceptions géniales et de travaux utiles à Paris, que les grandes Expositions devaient se distinguer. La construction du Métropolitain, qui est si utile à Paris et indispensable à l'Exposition, se classe en première urgence parmi les grands travaux à entreprendre. Voyons, tout d'abord, comment on peut installer ce fameux Métropolitain, qui à juste titre tient tant au cœur de nos braves Parisiens, quoi qu'en pensent les édiles de la Ville-Lumière.

Trois solutions sont actuellement en présence :

Première solution, Métropolitain souterrain ; Deuxième solution, Métropolitain à niveau ; Troisième solution, Métropolitain aérien en viaduc.

Le Conseil municipal n'a donc présentement que l'embarras du choix, et c'est justement ce choix qui fait tout son embarras.

Si on jette un coup d'œil chez nos voisins, on

2

remarque qu'en Angleterre, où l'on a construit un Métropolitain en tunnel, la dépense a été très forte, et que ce genre de circulation est des plus incommodes; la fumée, la vapeur, le manque d'air et de lumière, l'obligation de descendre et de monter pour prendre ou quitter le train, et enfin la grosse dépense d'entretien, d'éclairage, de réparation, etc., etc., des tunnels doit *a priori* faire écarter cette solution, qui serait la plus mauvaise pour Paris.

En Allemagne, à Berlin, le Métropolitain est construit à niveau, à peu de frais, il est vrai, et les trains circulent dans la capitale allemande comme dans nos gares françaises. Cette solution, elle aussi, présente de sérieux inconvénients, elle est un danger permanent pour les piétons, les chevaux et les voitures ; elle embarrasse considérablement les rues ; de plus, elle noircit de fumée et remplit de vapeur toute la ville et lui donne un aspect de tristesse. Ce n'est point ce qu'il faut à Paris.

En Amérique, à New-York, le Métropolitain est construit en viaduc, la dépense a été peu élevée. Les trains, supportés par des chevalets en fer, circulent agréablement, en plein soleil, avec des vues sur les quartiers bas, ne gênent en rien la circulation; au contraire, ces viaducs métalliques forment une longue suite de promenades couvertes recherchées pour leur ombre en été, et leur abri en hiver. Point de fumée, point de vapeur dans les rues, et les voyages en chemin de fer sur viaducs sont recherchés comme voyages d'agrément. Or à Paris, sur trois millions et demi d'habitants, on peut compter deux cent mille promeneurs sur lesquels l'idée d'une flânerie en chemin de fer aérien exercera une attraction journalière, qui deviendra source de recettes non négligeable pour la Compagnie. C'est donc bien un Métropolitain en viaduc qu'il convient d'établir à Paris.

MODE DE TRACTION

Au point de vue du choix du moteur, il est évident que l'électricité avec ses innombrables ressources, et les nombreuses forces qu'elle peut mettre en action, finira par triompher de la vapeur, et qu'un jour, peut-être bien proche, toutes les forces de locomotion seront produites par l'électricité et que tout au moins la vapeur ne sera plus que son auxiliaire.

En Autriche-Hongrie, à Budapest, une ligne de tramways électriques fait déjà un excellent service ; à Paris nous avons également un spécimen de tramways électriques. Les premières applications de l'électricité, comme force motrice, sont faites, il ne reste plus qu'à les appliquer en grand et à diminuer les frais de production.

C'est donc bien une traction électrique qu'il convient de donner au Métropolitain de Paris. Alors plus de fumée, plus de vapeur, plus de bruit ; ce serait presque l'idéal des voyages en chemin de fer.

Mais pour avoir une traction électrique, il faudrait doter Paris d'une grande usine électrique, et à cet effet dépenser quelques millions. A ce sujet, nous ferons remarquer que les 10 ou 12 millions que l'on se propose d'employer à la construction du pont monumental des Invalides et du chemin de fer circulaire de l'Exposition seraient mieux placés à la construction d'une usine électrique destinée à donner la force motrice au Métropolitain et celle nécessaire à l'Exposition de 1900.

L'usine génératrice d'électricité devrait être établie sur les bords de la Seine, de façon à pouvoir utiliser les forces de chute du fleuve, qui ont une certaine importance à Asnières. C'est au Palais de l'Industrie qu'on recevrait ensuite l'électricité produite par l'usine, qu'on y distribuerait la force électrique dans tout Paris ; on aurait ainsi l'avantage de conserver ce beau monument, le plus ancien souvenir de nos grandes Expositions modernes. Le démolir, pour en construire un autre au Champ-de-Mars, serait commettre une grosse hérésie, et engager une forte dépense inutile. Il faut espérer que le Parlement et le Conseil municipal de Paris, mieux renseignés et plus soucieux des intérêts de la Capitale, rejetteront cette proposition que rien ne justifie.

C'est à la suite d'une entente aimable, entre les différents services intéressés à cette importante question, que l'on arrivera à une solution heureuse qui ferait la gloire de la France et celle de l'Exposition de 1900.

ITINÉRAIRE DU MÉTROPOLITAIN DE PARIS

Pour qu'un Métropolitain soit bien installé à Paris, il doit permettre aux voyageurs de se rendre facilement des quatre points cardinaux au centre de la Capitale, et réciproquement. Dans ce but, Paris devrait être divisé en quatre grands secteurs et trois zones concentriques recoupant les secteurs.

Les secteurs seraient obtenus par deux lignes, se coupant au centre de la ville.

La première de ces artères (Nord-Sud) partirait de la porte de Clignancourt, où elle se grefferait sur le chemin de fer de petite ceinture à la station du boulevard Ornano et suivrait les boulevards : Ornano, Barbès, Magenta, Strasbourg, Sébastopol, du Change, du Palais, Saint-Michel, avenue de l'Observatoire, rue Denfert-Rochereau, avenue d'Orléans, jusqu'à la station de Montrouge, où elle se raccorderait au chemin de fer de petite ceinture.

De l'Est à l'Ouest, la deuxième grande ligne partirait de la station de Vincennes, suivrait : le cours de Vincennes, la barrière du Trône, la rue Saint-Antoine, la place de la Bastille, le boulevard Henri IV, les quais des Célestins, de l'Hôtel-de-Ville, de Gesvres, de la Mégisserie, du Louvre, des Tuileries, de la Place de la Concorde, l'avenue des Champs-Élysées, l'avenue de la Grande-Armée et se rattacherait à la station de la porte Maillot.

Ces deux grandes artères diviseraient Paris en quatre secteurs dont le sommet serait situé au quai de la Mégisserie ; là, on installerait une gare centrale sur la Seine et sur les quais, véritable plaque tournante des chemins de fer français ; car, indépendamment de ces deux voies rectilignes, deux voies circulaires seraient établies parallèlement au chemin de fer de petite ceinture, la première suivant les boulevards extérieurs de Paris, et la deuxième les grands boulevards, divisant ainsi Paris en trois zones concentriques et englobant tous les points terminus de nos grands réseaux.

La gare Saint-Lazare serait reliée à la place de la Madeleine par une ligne passant par les rues Pasquier, d'Anjou et le boulevard Malesherbes.

La gare des Invalides serait également reliée au deuxième chemin de fer circulaire par une ligne longeant la rive gauche de la Seine jusqu'au pont de la Concorde.

Des gares, des stations seraient construites à tous les endroits propices.

De cette façon, Paris serait desservi par un vaste réseau central, développable à volonté, et permettant d'aller d'un point à un autre sans quitter le rail.

Les marchandises arriveraient au centre de la ville, et dans tous les quartiers, sans nécessiter de grands frais de camionnage.

Pour installer le Métropolitain de Paris comme nous l'indiquons, on remarquera que les grandes voies de communication seules ont été mises à profit; que la circulation des piétons et des voitures reste complètement libre et indépendante, attendu que le Métropolitain en viaduc serait construit sur les accotements des boulevards et à 7 ou 8 mètres en élévation sans rien changer à l'aspect de Paris, ni couper aucune de ses fameuses perspectives que l'on invoque si mal à propos.

Lé chemin de fer en viaduc ne nécessiterait aucun grand travail de terrassement, ni de maçonnerie. Les travaux à entreprendre se borneraient simplement à la pose de la voie et de ses appareils sur des chevalets en fer plus ou moins élevés, suivant la cote de l'emplacement.

La longueur totale du Métropolitain de Paris, comme nous l'avons tracé, est de 55 kilomètres environ; sonprix de revient est évalué à 1 million le kilomètre, soit une dépense totale de 60 millions à prévoir pour la construction du Métropolitain en viaduc.

Le rendement de ces 55 kilomètres de voies ferrées en plein Paris serait d'un rapport considérable, et si un emprunt était demandé par l'État, par la Ville, ou par une société quelconque, pour la construction du Métropolitain, nul doute que cet emprunt ne fût couvert avec le plus grand empressement; ce serait une affaire d'or pour les actionnaires.

La durée des travaux est évaluée à trois ans, sans compter le temps nécessaire aux études, que l'on peut estimer à une année.

Donc, sans bourse délier, Paris peut en 1900 être doté d'un Métropolitain, qui desservirait l'Exposition tout en réduisant au minimum les frais de transport des voyageurs et des marchandises.

Au point de vue stratégique même, un Métropolitain en viaduc rendrait de grands services à Paris ; occupé militairement il commanderait toutes les grandes voies de la Capitale et interdirait toute entrée des troupes : aucune insurrection ne serait plus à craindre.

CHAPITRE IV

La nouvelle enceinte de Paris.

LA DÉMOLITION DES REMPARTS

A tort ou à raison, on a prétendu que la démolition des remparts de Paris n'était demandée que pour satisfaire une spéculation vénale, en dehors de toutes considérations stratégiques et économiques pour la Capitale.

Nous voulons, ici, ignorer pareils racontars absolument étrangers à notre sujet, et traiter la question au point de vue purement stratégique, sans nous occuper davantage des intérêts particuliers des zoniers ou autres...

Depuis un tiers de siècle, bientôt, que Paris est pourvu d'une enceinte bastionnée, que toutes les expériences ont été faites sur cette fameuse enceinte, puisqu'elle a subi un siège et un bombardement, on peut se demander quels services elle a rendus? Personne, pas même le comité du Génie, n'osera soutenir qu'en 1870 elle a empêché les Allemands d'entrer dans Paris; puisque après la capitulation, quand les portes leur étaient grandes ouvertes, les Prussiens ont refusé d'occuper la place, non point qu'ils ne pussent franchir l'enceinte, restée absolument intacte; mais bien par crainte des habitants. Cette fameuse enceinte n'a donc servi à rien, si ce n'est à obliger, en 1871, la malheureuse armée de Versailles à en faire un siège régulier, pour en déloger les communards insurgés qui tenaient Paris en révolte sous l'appui des canons prussiens.

Cette enceinte a donc été plutôt nuisible qu'utile à Paris; cependant le commencement de siège, fait dans de bien mauvaises conditions, puisqu'on ne voulait point tirer le canon contre Paris, a démontré qu'une armée peu solide, sans artillerie, pouvait quand même s'emparer de la place.

En effet, après le siège du fort d'Issy, tombé aux mains des assaillants après quelques jours d'une défense acharnée où deux capitaines du Génie (1) ont été tués, l'armée de Versailles se disposait à faire l'escalade des remparts, et simplement au moyen d'échelles construites dans la forêt de Meudon.

Le jour de l'attaque était fixé, les colonnes d'assaut étaient prêtes, quand un boulanger livra une porte de la ville.

(1) Lafosse et Durand de Villers.

Cette escalade, avec 40 échelles, aurait pleinement réussi vu le peu de hauteur de l'escarpe, et la grande facilité de pénétrer dans le fossé sec, où la contre-escarpe n'est point maçonnée, mais simplement à terre coulante. Il est donc bien démontré qu'un pareil rempart ne protège point la ville, et qu'un ennemi audacieux peut y tenter toutes sortes de coups de main et s'emparer de la place même par surprise. Donc, au point de vue de la défense, la faible enceinte de Paris est presque inutile. On peut même démontrer qu'elle est plutôt nuisible qu'utile.

En effet, avec ses portes étroites, elle ralentirait considérablement la marche des troupes se rendant sur les lignes de feu; en 1870 l'armée du général Ducrot en a fait la triste expérience.

Mais son plus grand inconvénient est de retenir toute la population d'une grande cité entassée pêle-mêle, exposée sans pouvoir fuir ni se garer des feux convergents de l'artillerie de l'attaque. Toute cette population décimée, démoralisée par la mort qui frappe de toutes parts, est naturellement portée à la capitulation. Les exemples de ce genre pullulent dans l'histoire des sièges. Et les gouverneurs des places, qui ont charge d'âme de toute la défense, ont encore à se préoccuper de l'esprit des assiégés, à réprimer les rébellions, prélude inévitable de toute capitulation.

On peut remarquer aussi que tous nos vieux remparts, avec ou sans abris, où les pièces immobilisées tirent en barbettes ou en embrasures, sont de véritables nids à obus, rendus rapidement intenables.

La nocuité de l'enceinte de Paris nous parait suffisamment démontrée et le mieux serait de la démolir.

Outre cette enceinte, Paris est-il protégé par sa fameuse ceinture de forts ? Pour les gens du métier, la question ne fait aucun doute ; car il est démontré, jusqu'à l'évidence, que les forts de Paris en particulier, ceux de toute la France, et de l'Europe en général, construits seulement en vue de l'ancienne artillerie, ne peuvent résister à la nouvelle.

Quoique renforcés par de remarquables bétonnages, chefs-d'œuvre de construction de nos ingénieurs militaires, ces malheureux forts succomberaient aux premières attaques. Les explosions des obus chargés à la mélinite sont tellement violentes, les nouveaux projectiles ont une force de pénétration si considérable, que les meilleures maçonneries, et que les plus solides carapaces en béton de ciment seront démolies après quelques jours d'un bombardement sérieux (voir les dernières expériences du polygone de Bourges, août

1895), où deux forts en maçonnerie ont été mis en pièces en quelques coups de canon).

En outre, notre situation de défense, dans les forts, est tellement critique, que nos artilleurs, avec le flair qu'on leur connaît, préfèrent tirer le canon en arrière des gorges que sous les beaux abris que le génie leur a préparés. Les artilleurs reprochent à ces abris de manquer d'air, de vue, d'espace, et ils craignent d'y succomber écrasés sous les démolitions. Ils réclament une défense mobile, seule opposable aux effets des nouveaux engins. La lutte du canon et de la cuirasse n'est plus possible sur terre. Les places qui voudront se défendre devront se résoudre à la démolition de leurs ouvrages à ciel ouvert, et défier l'ennemi sous terre et à des profondeurs inaccessibles aux nouveaux projectiles. C'est par la mine, et une défense rapprochée aussi longue que dangereuse pour l'attaque, que les places de guerre devront leur salut dans l'avenir.

Avec bien des camarades, nous pensons donc que la nouvelle artillerie et les obus à la mélinite auront vite raison des fortifications modernes, et que les forts de Paris, comme les autres, sont appelés à succomber à bref délai.

Alors Paris, avec une enceinte illusoire, sans forts imprenables, ou du moins capables de résister assez longtemps pour le protéger, reste à la merci de l'ennemi. Il y a donc lieu de pourvoir Paris d'une enceinte plus sérieuse et de faire tomber les vieux remparts inutiles, insuffisants à Paris.

D'après sa position topographique, Paris est facile à défendre; mais c'est seulement vers le tiers du dix-neuvième siècle que l'on songea à l'entourer d'une enceinte bastionnée, et d'une ceinture de forts rapprochés, aussi bien faits pour commander la place que pour la défendre. Le bombardement de la ville a démontré en 1870 l'inutilité des forts et celle de l'enceinte, et la nécessité de mettre la place à l'abri des canons ennemis. A cet effet, on a entouré Paris d'une triple ceinture de nouveaux forts; mais, depuis ces constructions, l'artillerie a fait de si grands progrès, tant au point de vue de la portée des pièces que de la pénétration des obus, que cette nouvelle ceinture est devenue presque aussi illusoire que l'ancienne, et que si nos armées étaient battues en rase campagne, nos places fortes et Paris n'arrêteraient point longtemps l'ennemi : aujourd'hui, comme en 1870, on verrait les batteries prussiennes, ou autres, s'installer au Sud de Paris, sur le plateau de Châtillon, et au Nord dans la plaine de Saint-Denis, et recommencer absolument dans les mêmes conditions le joli bombardement que chacun sait.

Comme on peut facilement le remarquer, c'est toujours au Nord et au Sud que Paris est attaqué; c'est là, en effet, que sont les deux points vulnérables de la place.

A l'Ouest, la Seine, par une double boucle presque régulière, forme à Paris un obstacle naturel de très grande valeur; à l'Est, la Marne par ses nombreux lacets rend le même service à Paris, qui topographiquement se trouve protégé suffisamment pour ne point redouter les bombardements de ces deux côtés.

C'est en considérant ces lignes d'obstacles naturels, placés si à propos à l'Ouest et à l'Est de Paris, que l'idée vient naturellement de protéger au Nord et au Sud la Capitale de la même façon, c'est-à-dire par une enceinte continue avec fossés pleins d'eau, et de relier au Nord et au Sud la Seine à la Marne par un canal faisant le même office que la Seine et la Marne à l'Ouest et à l'Est.

Cette proposition a de sérieux avantages, elle permettrait d'organiser autour de la place une défense très mobile; de plus elle donnerait entière satisfaction à Paris, qui demande plus d'air et plus d'espace.

La défense y gagnerait une enceinte continue, solide, infranchissable, tenant l'ennemi à distance.

Elle pourrait organiser des feux sur bateaux et sur wagons blindés et échapper ainsi, et pour longtemps, à tous les bombardements et à toutes les attaques de vive force. Paris ainsi retranché serait en toute sécurité.

Et que s'agit-il de faire pour obtenir cette enceinte défiant les feux de la nouvelle artillerie? mais simplement un canal de 18 kilomètres de longueur partant : au Nord, de la Seine, à Saint-Denis et allant rejoindre la Marne aux environs de Nogent. Au Sud, un même canal de 11 kilomètres de longueur partant de la Seine, à l'île de Billancourt, et rejoignant la Marne à son confluent avec la Seine à Ivry.

D'après ce nouveau tracé, l'enceinte de Paris serait limitée à l'Ouest par la Seine, à l'Est par la Marne, au Nord et au Sud par les deux canaux stratégiques que nous venons d'indiquer.

Cette nouvelle enceinte aurait un développement de 60 kilomètres environ, dont moitié créée par la nature.

Reste à examiner, maintenant, si cette proposition est pratique et acceptable?

Le canal de 18 kilomètres de longueur, qu'il s'agit de creuser pour protéger le secteur Nord de Paris, aurait la forme d'une ligne en crémaillère, avec un flanquement correspondant au terrain. On pourrait déjà utiliser une partie du canal de Saint-Denis; puis on suivrait le ruisseau de Montfort, on passerait en avant d'Aubervilliers, à Bobigny, on regagnerait le canal de l'Ourcq, à l'Est de Bobigny, en passant au pied du village de Merlan, puis on se dirigerait vers le Sud, dans la direction de Rosny, en suivant la vallée comprise entre le plateau d'Avron et celui de Rosny, on longerait le chemin de fer jusqu'à la Marne. Un examen de la carte démontre, à première vue, que la construction de ce canal est chose facile et ne nécessitant pas de bien grands travaux.

Au Sud, la construction du canal stratégique reliant les forts de la première enceinte serait sans doute plus difficile; on serait peut-être amené à faire quelques écluses; mais le concours de la Bièvre, placée à cheval sur le canal, fournirait l'eau nécessaire à son alimentation tout en donnant aux bassins-réservoirs le débit des écluses.

Paris ainsi retranché jouirait d'une protection des plus remarquables ; car indépendamment des canonnières armées qui circuleraient autour de la place, sur la Seine, sur la Marne et sur les canaux stratégiques, on pourrait avec les terres des déblais élever, tout le long du canal, du côté de la place, un immense parapet de 5 à 6 mètres de hauteur et de 15 à 20 mètres d'épaisseur, défiant les nouveaux projectiles, qui se perdraient dans le massif ou se noieraient dans les eaux du canal.

Tout le long de la banquette d'artillerie, on installerait un chemin de fer circulaire, défilé des vues et des coups de l'ennemi et on y organiserait des trains armés de canons formant une deuxième ligne de feux mobiles et tirant par-dessus les canonnières du canal.

Ces moyens de défense rapides seraient bien en rapport avec le développement de la nouvelle enceinte; ils permettraient aux troupes de se porter rapidement et en masse aux points attaqués ou menacés.

Donc, sans augmenter l'effectif prévu pour la défense de Paris, on obtiendrait des résultats bien plus satisfaisants à tous égards, et les Parisiens n'auraient plus à redouter les bombardements dans une enceine étroite, resserrée, où la mort est inévitable.

La surface de la Capitale, d'après la nouvelle enceinte, se trouverait doublée; les bois de Vincennes et de Boulogne y seraient compris et pourraient recevoir de nombreux troupeaux, et des approvisionnements de toutes sortes en quantité suffisante ; Paris échapperait donc aussi à la famine.

Mais, pour construire cette enceinte, il faudrait

engager une grosse dépense, que l'État ni la ville n'oseront peut-être demander aux contribuables!

Il nous reste à démontrer que cette dépense serait largement couverte par la démolition de la vieille enceinte de Paris, la vente des terrains et des matériaux qu'elle comporte, et que sans bourse délier l'État peut faire cette opération, et à bref délai, avant même l'Exposition de 1900.

Les remparts de Paris ont un développement de 24 kilomètres environ, ils sont formés d'un mur d'escarpe en maçonnerie, d'un fossé sec, et d'une contre-escarpe en terre coulante.

La profondeur moyenne du fossé est de 6 mètres, sa largeur dans le haut est de 40 mètres, la largeur moyenne du parapet de la rue de rempart et de la bande de terre appartenant à l'État, du côté de la contre-escarpe, peut être évaluée à 60 mètres; ce qui avec les 40 mètres de largeur du fossé constitue une zone large de 100 mètres de terrains à l'État, et sur tout le périmètre de la place, soit donc une surface de 2.400.000 mètres carrés environ.

Ce terrain, bien nivelé, serait vendu, d'après une estimation faite par un des directeurs de la quatrième direction du génie, pour la somme de 80 millions.

La démolition de l'escarpe fournirait environ

3 millions de mètres cubes de bonnes pierres meulières, que l'on peut estimer à 10 fr. le mètre cube, soit 30 millions de pierres de démolitions. De plus tous les angles saillants, rentrants, et le couronnement de l'escarpe sont construits en belles pierres de taille, qui ont une valeur minima de 4 millions.

La démolition des remparts, la vente des matériaux et celle des terrains produiraient une somme de 114 millions environ. A cette somme on peut ajouter 12.500.000 fr., que l'État pourrait percevoir, comme redevance pour l'affranchissement des terrains compris dans la première zone, terrains représentant une surface de 6.250.000 mètres carrés, qu'on pourrait taxer à 2 fr. le mètre carré.

Par ce simple calcul, qui est au-dessous de la vérité, on voit que la démolition des remparts de Paris procurerait à l'État une somme de 126.500.000 fr. de laquelle il faudrait retrancher 9 à 10 millions pour frais de main-d'œuvre, de démolition et autres. Il resterait en chiffres ronds 115 millions, que l'on pourrait employer à la construction de la nouvelle enceinte.

Les canaux stratégiques, uniquement en terre, que nous proposons de construire, au Nord et au Sud de Paris, pour en compléter l'enceinte naturelle, devraient avoir une largeur minima de

40 mètres dans le haut et de 28 mètres dans le bas, avec des talus à un sur un (1/1) et une profondeur moyenne de 6 mètres. Comme obstacle à franchir, un tel fossé présenterait certaines difficultés et il assurerait une bonne navigation.

Si les terres des déblais étaient jetées du côté de la place, en forme de parapet, avec le talus extérieur tenu dans le prolongement de la face interne du canal, on aurait un obstacle tout à fait sérieux. Le parapet pourrait avoir une épaisseur de 20 mètres, avec un commandement de 5 mètres sur le canal, en y ménageant une banquette d'artillerie de 6 mètres de largeur, simplement formée par une voie ferrée pour la circulation des trucs-canons, reliée au terrain naturel par une rampe au sixième, de 20 mètres de largeur, et un chemin de ronde ou rue de rempart de 10 mètres de large. Il suffirait d'une zone de 100 mètres de largeur pour installer les canaux stratégiques et la voie ferrée de la défense mobile. On pourrait faire circuler le long des crêtes, sur cette banquette d'artillerie, des trains armés de canons à l'abri des vues et des coups de l'ennemi. Cette voie ferrée, pourvue de garages échelonnés empruntés à la rampe d'arrière, formerait une nouvelle ceinture qui, reliée à toutes les voies ferrées de la Capitale, constituerait une défense mobile idéale !! Si on trace en coupe les centres de gravité des déblais et des remblais, et si on applique les prix de série aux terrassements à exécuter, on arrive à un prix de 6 fr. par mètre cube de terre à déplacer.

Il y a 204 mètres cubes de déblais au mètre linéaire, soit 3.672.000 mètres cubes pour les 18.000 mètres que comporte le canal du Nord, soit donc une dépense maxima de 22 millions à prévoir pour les terrassements.

Les dépenses du canal du Sud avec ses écluses sont évaluées à 18 millions ; la dépense totale serait donc de 40 millions.

Voyons ce que coûterait l'acquisition des terrains. Les terrains de la plaine Saint-Denis ont une valeur moyenne de 5.000 fr. l'hectare, ceux de Montrouge de 6.000 fr. ; en les estimant à 10.000 fr. l'hectare, on voit que les 300 hectares qu'il nous faut pour construire nos 30 kilomètres de canaux coûteraient seulement 3 millions de francs, à ajouter aux 40 millions précédents ; il resterait donc disponible 72 millions pour les frais d'études, expropriations et imprévus.

En faisant coïncider les travaux de démolition de l'enceinte avec les autres grands travaux de Paris, on aurait sous la main toutes les pierres nécessaires aux maçonneries des ouvrages que nous avons signalés.

CHAPITRE V

Le tout-à-l'égout.

La Seine, aux bords fleuris, où jadis paissaient et folâtraient les blancs moutons de sainte Geneviève, la patronne de Paris, est loin de nous rappeler le fleuve limpide aimé des anciens, chanté des poètes. Ce beau ruban de France, aux reflets argentés, qui gracieusement promène ses lacets arrondis au travers des riantes prairies, n'est plus, hélas! qu'un cloaque immonde, qui soulève le cœur et révolte l'esprit.

Quelle horde barbare, sans respect du beau, sans souvenir du passé, ignorant les muses, méconnaissant les faunes, a osé empoisonner le plus beau cours d'eau de France !

C'est la Voirie de Paris, qui sans façon impose ses ordures aux replis du fleuve aimé.

En notre beau pays de France, on devrait se souvenir que la loi défend pareille maculation, et qu'en temps de guerre quiconque empoisonne les eaux est passé par les armes.

A Paris, si les lois, *les justes lois*, étaient pourvues des mêmes sanctions qu'autrefois à Berlin, *nos meuniers sans souci* de Gennevilliers trouveraient à qui parler pour défendre leurs droits ; mais la Force de l'administration en a eu raison, et on continue à outrager le fleuve qui n'en peut mais.

Si encore ces infractions aux lois assuraient à Paris un avantage sérieux, on excuserait semblable méfait ; mais il n'en est rien, en transportant les résidus des fosses à la presqu'île de Gennevilliers, ou en les jetant à la Seine, on n'a fait que déplacer le danger en le rendant plus imminent encore. Chacun sait, en effet, malgré les théories intéressées de l'administration, que les ordures étalées en plein air, exposées à tous les vents, répandent une odeur insupportable, et infectent le pays à 10 kilomètres à la ronde.

N'est-il point insensé, dangereux même, d'entasser chaque jour des milliers de mètres cubes d'immondices aux portes de Paris, et tout près de notre plus belle maison d'éducation de France ; de combler le lit de la Seine, de Saint-Ouen à Poissy, d'une couche de matière noire, visqueuse, issue des fosses de la Capitale?

C'est vouloir installer à nos portes le choléra, la fièvre typhoïde et tout le long cortège des maladies infectieuses.

En 1900, si par une circonstance fortuite ou autre le choléra asiatique venait à débarquer sur nos côtes, c'est tout droit à Gennevilliers qu'il viendrait s'installer; alors on fuirait Paris comme la peste qu'il renfermerait, et notre Exposition ne serait bientôt plus qu'un désert!

La voirie serait huée, vouée aux gémonies, n'est-il pas vrai? Mais il serait trop tard pour crier, s'indigner, quand tout serait irrémédiablement perdu. C'est aujourd'hui, c'est maintenant qu'il faut envisager pareille situation et y remédier quand il en est temps encore. C'est folie que de s'en remettre aveuglément aux soins d'une administration qui ne voit que son intérêt dans une combinaison aussi compromettante pour la santé publique.

Enfin, n'est-il point regrettable de voir entasser et immobiliser sur les bords de la Seine des couches d'engrais, quand on a sous la main les plus beaux moyens de transport, pour évacuer au loin toutes ces puanteurs qui infectent Paris.

On se plaint que l'agriculture souffre, on prétend qu'elle traverse une crise sérieuse et on ne fait rien pour améliorer une telle situation; on préfère voir perdre des millions de mètres cubes d'engrais plutôt que de les transporter dans les plaines pour fumer les terrains et faire pousser les récoltes.

Quoi de plus simple, de plus facile pourtant que

de véhiculer les ordures de Paris par le fleuve, au moyen de grands bateaux qui en feraient des dépôts le long de la vallée, loin de Paris, où les cultivateurs viendraient chercher l'humus par tombereau ?

Ce procédé si simple, si rudimentaire, se résume à conduire l'engrais directement aux champs au lieu de le laisser dessécher sans profit. Pour transporter à peu de frais les immondices de la Capitale dans nos plaines, que faut-il faire?

Simplement faire aboutir les égouts collecteurs de Paris dans un déversoir, un canal latéral à la Seine qui emmagasinerait toutes les matières et que de grands bateaux enlèveraient chaque jour pour les déposer dans d'autres petits dépôts à l'usage des agriculteurs de la vallée de la Seine.

Supposons que le grand déversoir de Paris puisse contenir 2 millions de mètres cubes de résidus. Voyons quelles sont les dimensions qu'il conviendrait de lui donner pour obtenir ce résultat. Une longueur de 10.000 mètres, une largeur de 40 mètres seulement, et une profondeur de 5 mètres suffiraient pour avoir le volume demandé.

En admettant que les collecteurs fournissent en moyenne 5.000 mètres cubes de résidus solides en 24 heures, ce qui est un maximum, le déversoir de Paris pourrait suffire pendant 400 jours.

Bien couvert, bien étanche, il ne laisserait

échapper ni odeur, ni liquide impur, et au moyen de procédés chimiques sa désinfection serait facile.

De plus, en le construisant par bassins successifs, étagés, communiquant entre eux, on arriverait à clarifier et à séparer les liquides, et à ne plus avoir à transporter que l'engrais solide.

Mais supposons pour l'instant que l'on soit obligé de transporter l'engrais moitié liquide avec 40 bateaux en tôle de 100 mètres de longueur, de 10 mètres de largeur et avec un tirant de 2 mètres seulement, chaque jour on pourrait enlever 200.000 mètres cubes de résidus.

Les bateaux bien étanches, bien couverts, seraient remplis au moyen de pompes aspirantes, analogues à celles qui opèrent la vidange des fosses d'aisance.

En résumé, ce procédé consiste à ne plus avoir qu'une vaste fosse d'aisances, à proximité de la Seine, et loin de Paris, que l'on viderait à volonté, au moyen de bateaux, pouvant circuler sur le fleuve et sans répandre de mauvaises odeurs, ni empoisonner les eaux de la Seine.

L'emplacement de ce déversoir est tout indiqué au débouché du grand collecteur.

Les travaux à prévoir pour cette installation ne seraient point considérables ; avec 15 millions on construirait et le déversoir de Paris et ses annexes.

RENDEMENT

Les engrais naturels qui sont les meilleurs pour l'agriculture, se vendent encore de 10 à 15 francs le mètre cube ; il est démontré que les résidus des égouts de Paris contiennent un excellent engrais naturel, si donc on utilisait ces résidus, en les vendant seulement 2 francs le mètre cube, la ville de Paris pourrait se faire un joli revenu, deux ou trois millions par année, tout en débarrassant le pays de matières infectes et dangereuses à conserver à proximité des lieux habités.

La Seine et Gennevilliers ne recevant plus les eaux d'égout retrouveraient la salubrité, qu'on n'aurait jamais dû leur faire perdre, et enfin le tout-à-l'égout et rien à la Seine ne serait plus un vain mot.

Espérons que ces projets des *Grands Travaux de Paris*, dressés dans le but unique d'être utile aux nombreuses populations agglomérées dans le petit département de la Seine, attireront l'attention des intéressés, et que les contribuables regarderont à dépenser pour l'Exposition de 1900 la somme énorme de 40 millions, pour ne construire que des palais fastueux et ne devant procurer aucun bien-être, ni aucune satisfaction à la population.

Le bon peuple de Paris réclame une circulation

plus facile, plus commode et à un prix moins élevé. Comme à Londres il demande à faire le tour de la Capitale pour 10 centimes, au moyen d'un Métropolitain bien compris, bien installé, et à ne plus circuler dans ces pataches à chevaux, où l'on est si mal tout en payant si cher.

Paris avec sa subvention de 20 millions, et son monopole des tickets d'entrée, peut faire tout seul sa grande Exposition et surprendre le monde entier par ses travaux de bon goût et les attractions géniales dont il a seul le secret enchanteur.

Il ne faut point oublier que les Expositions modernes ne sont que de grandes foires provisoires, où il serait ridicule d'engloutir des centaines de millions.

Les agioteurs, et ils sont légion à Paris, d'accord avec quelques vampires politiques, surgissent toujours à propos quand il s'agit d'exciter la France ou Paris à de folles dépenses ou à de stupides spéculations. La faillite du Panama, et d'autres non moins scandaleuses sont encore trop fraîches à nos mémoires, pour ne pas nous conseiller la prudence, et nous faire rejeter les projets des jongleurs de millions, plus ou moins Français, plus ou moins honnêtes.

Point de joyaux ridicules et ruineux, point de palais superflus !!

De l'air, de la bonne eau en quantité suffisante, de la lumière, de l'espace, de la santé dans Paris, et une protection plus efficace contre les obus des envahisseurs.

Dans les grands travaux de Paris, les capitaux français, si difficiles à placer aujourd'hui, trouveraient un écoulement très avantageux, à l'abri de toutes catastrophes.

Il faut faire oublier les désastres de Panama, il faut effacer des mémoires françaises les immunités regrettables dont ont profité certains personnages auxquels l'opinion publique, elle, n'a pas décerné d'ordonnance de non-lieu.

Il faut donner de l'ouvrage aux ouvriers nationaux que le chômage et la misère qui en résulte poussent trop souvent vers les théories subversives et anti-patriotiques au profit de meneurs étrangers ou dévoyés.

Aussi, avons-nous la ferme confiance que le Gouvernement de la République, dans sa sollicitude pour les humbles, se fera un devoir de patronner les grands travaux que tout Paris réclame, et dont nous croyons dans ces quelques pages avoir suffisamment indiqué les grandes lignes et démontré l'utilité.

Enfin, notre satisfaction personnelle serait complète, si nous avions pu, par les considérations qui précédent, apporter notre modeste tribut à l'édification de cette grande œuvre éminemment parisienne et nationale.

Paris, 25 septembre 1895.

PETITJEAN.

Paris. — Imp. V. Goupy, G. Maurin Succ., rue de Rennes, 71.

www.ingramcontent.com/pod-product-compliance
Ingram Content Group UK Ltd.
Pitfield, Milton Keynes, MK11 3LW, UK
UKHW020451230726
13925UKWH00005B/1870

9 782019 157074